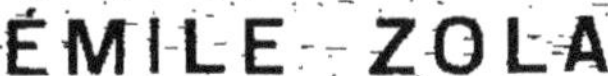

ÉMILE ZOLA

L'ENFANT ROI

COMÉDIE LYRIQUE EN CINQ ACTES

Musique d'ALFRED BRUNEAU

Représentée pour la première fois, à Paris,
sur la scène du Théâtre national de l'Opéra-Comique,
le 3 mars 1905.

PARIS
LIBRAIRIE CHARPENTIER ET FASQUELLE
EUGÈNE FASQUELLE, ÉDITEUR
11, RUE DE GRENELLE, 11

1905

L'ENFANT ROI

COMÉDIE LYRIQUE EN CINQ ACTES

Représentée pour la première fois, à Paris,
sur la scène du Théâtre national de l'Opéra-Comique
le 3 Mars 1905.

THÉATRE D'ÉMILE ZOLA

Thérèse Raquin, drame en 4 actes. . . . . . . 2 fr. »

Les Héritiers Rabourdin, comédie en 3 actes, avec préface. . . . . 2 fr. »

Renée, pièce en 5 actes, avec préface. . . . . 2 fr. 50

Messidor, drame lyrique en 5 actes et 5 tableaux. — Musique d'Alfred Bruneau. . . . . 1 fr. »

L'Ouragan, drame lyrique en 4 actes. — Musique d'Alfred Bruneau . . . . 1 fr. »

EN COLLABORATION AVEC M. LOUIS GALLET

Le Rêve, drame lyrique en 4 actes et 8 tableaux. — Musique d'Alfred Bruneau. . . . . 1 fr. »

L'Attaque du Moulin, drame lyrique en 4 actes. — Musique d'Alfred Bruneau . . . . 1 fr. »

Il a été tiré de cet ouvrage :

10 *exemplaires numérotés sur papier du Japon*
et 15 *exemplaires numérotés sur papier de Hollande.*

Paris. — L. MARETHEUX, imprimeur, 1, rue Cassette. — 7532.

ÉMILE ZOLA

L'ENFANT ROI

COMÉDIE LYRIQUE EN CINQ ACTES

Musique d'ALFRED BRUNEAU

PARIS

LIBRAIRIE CHARPENTIER ET FASQUELLE

EUGÈNE FASQUELLE, ÉDITEUR

11, RUE DE GRENELLE, 11

1905

Direction de M. ALBERT CARRÉ

Directeur de la Musique et Chef d'orchestre :
M. Alexandre Luigini.

Directeur de la Scène : M. Albert Vizentini.

Chef du Chant : M. Landry.

Chefs des Chœurs : MM. Henri Büsser et Félix Leroux.

Décors de MM. Jambon (2e acte)
Jusseaume (3e et 4e actes) et Ronsin (1er et 5e actes).

Costumes dessinés par M. Charles Bianchini.

Pour la représentation
s'adresser à M. Choudens, éditeur de musique
30, boulevard des Capucines.

PERSONNAGES

FRANÇOIS, 38 ans.	MM. DUFRANNE.
AUGUSTE, 25 ans	JEAN PÉRIER.
TOUSSAINT, 50 ans	VIEUILLE.
MADELEINE, 34 ans	Mlle CLAIRE FRICHÉ.
GEORGET, 16 ans.	Mme MARIE THIERRY.
PAULINE, 20 ans.	Mlle TIPHAINE.
LA GRAND'MÈRE, 60 ans.	Mme COCYTE.
UNE JEUNE MÈRE, 22 ans	Mlle VAUTHRIN.
UNE DAME, 32 ans	Mlle HENRIQUEZ.
UNE MENDIANTE, 40 ans.	Mlle DUCHÈNE.

Les Marchandes de fleurs :

Mlles S. DUMESNIL, COSTÉS, VUILLEFROY, FAIRY, D. UGHETTO, P. VAILLANT et MURATET.

Mlles PLA, DELEZENNE, DE CÉSAC, BROUSSIER, WUERCHOZ, JULLIOT, MARCIGNY, PILLEYRE, COTTINI, PAPIN, HENNEQUIN et EYRAUD.

Passants et Passantes, Clients et Clientes,
Petites Filles et Petits Garçons, Nourrices et Bonnes d'enfants,
Marchandes de fleurs et Acheteurs,
Boulangers et Aides, tout un Baptême, Foule.

L'ENFANT ROI

ACTE PREMIER

Une grande boulangerie-pâtisserie, dans un quartier populeux et riche de Paris. — Les murs sont entièrement recouverts de glaces, le plafond est peint et doré. — Au fond, donnant sur la rue, la porte et les vitrines, celles-ci garnies de tablettes de cristal, chargées de petits pains et de gâteaux. — A droite et à gauche, contre les murs, des casiers de cuivre luisant, où les grands pains sont debout. — A droite, au fond, un large comptoir de marbre blanc, où se trouvent les croissants, les brioches, les gâteaux secs, dans des corbeilles; et, à gauche, au fond, un comptoir de marbre blanc, plus petit, où se trouvent les gâteaux à la crême et aux confitures, sur des assiettes; puis, toujours à gauche, au premier plan, la caisse, de marbre blanc. — A droite, une porte menant au sous-sol, où est le fournil; et, à gauche, une autre porte menant à l'appartement des patrons.

Le soir. La boutique est vivement éclairée à la lumière électrique, par un lustre central, et par des lampes qui jettent, au fond, une clarté éblouissante sur les vitrines. Derrière les grandes glaces de ces vitrines, on aperçoit le mouvement de la rue. Premiers jours de juillet, la porte reste ouverte.

SCÈNE PREMIÈRE

FRANÇOIS, PAULINE, TOUSSAINT,
CLIENTS, *puis* UNE DAME *et* DEUX ENFANTS.

(*Pauline, debout au grand comptoir, sert les clients qui entrent et qui sortent; tandis que Toussaint, à gauche, vide un panier de pains dans un casier. François est sur le seuil de la porte, regardant la rue.*)

FRANÇOIS, *redescendant en scène.*

Minuit, c'est la sortie des théâtres, et Paris rentre par les rues si vivantes encore, et Paris se couche, las de sa journée de travail, fiévreux de sa soirée de plaisir et d'amour.

PAULINE, *à un Monsieur.*

Les brioches, Monsieur, elles sont finies. Voici des madeleines. (*Le Monsieur prend une madeleine, la paie et la mange, debout; pendant que Pauline s'occupe d'un jeune couple d'amoureux, qui est allé chercher un gâteau sur l'autre comptoir et qui le lui apporte.*) Ce saint-honoré, deux francs. (*Elle l'enveloppe, le couple paie et s'en va, au moment où une dame très élégante, qui est entrée avec deux enfants, une fillette de douze ans et un garçonnet de dix ans, semble chercher sur le petit comptoir.*)

FRANÇOIS, *s'approchant.*

Madame, vous désirez ?

LA DAME, *gaiement.*

Ce sont ces petits gourmands qui ont envie de tout

et qui ne se décident pas... Tiens! Charles, ce baba, et toi, Thérèse, cet éclair. La fête est complète.

FRANÇOIS, *riant.*

Oui, le théâtre, et maintenant ils soupent!... Les beaux enfants!

LA DAME, *gaiement.*

Des enfants gâtés, et qui, s'ils étaient les vôtres, feraient ici un terrible ravage!

FRANÇOIS, *brusquement assombri.*

Hélas! Madame, nous ne courons pas ce risque, nous n'avons pas d'enfants et c'est une grande tristesse. (*Il accompagne jusqu'à la porte la dame et les deux enfants, puis il redescend en scène.*) Ah! les beaux enfants, les chers enfants!

TOUSSAINT, *qui a disparu un moment par la porte de droite et qui rentre.*

Patron, le brigadier n'est pas là, et l'on demande vos ordres, en bas, au fournil.

FRANÇOIS

Comment! Auguste s'est encore absenté! C'est bon, j'y vais... (*A Pauline, qui vient de servir un dernier client.*) Pauline, faites l'inventaire, en attendant que Madame rentre... Et vous, Toussaint, vous fermerez dès que Madame sera là. (*Tous deux sortent par la droite. Peu à peu, la boutique s'est vidée, la rue aussi se fait déserte; et comme Pauline va se mettre à l'inventaire, Auguste entre par le fond, en petit chapeau de feutre, avec ses vêtements de ville.*)

SCÈNE II

PAULINE, AUGUSTE

PAULINE, *riant.*

Ah bien! Monsieur Auguste, ne vous pressez pas! Le vieux Toussaint vous a dénoncé, et le patron rage.

AUGUSTE

Qu'il rage, ça lui fouettera le sang! Vrai, si l'on n'a plus le droit d'aller fumer un cigare dehors!... Et la patronne, pas encore rentrée? Elle en prend, cette fois, pour son mardi!

PAULINE, *mauvaise.*

Dame! tous les mardis, elle va voir sa nièce, qui est infirme... Hein? ça vous dérange! C'est votre chic de beau garçon, d'avoir partout les patronnes.

AUGUSTE

Bien sûr, pourquoi pas?

PAULINE

A la boulangerie Bonnard, cela vous avait réussi, vous étiez le chouchou de la belle Madame Bonnard, et voilà que vous tâchez de refaire le coup à la boulangerie Delagrange... mais la belle Madame Delagrange vous envoie promener.

AUGUSTE

C'est bon, riez, soyez mauvaise, nous verrons ça plus tard... Ici, certainement, la maison serait très agréable, on y deviendrait vite le maître. Une maison sans enfant, ce n'est ni gardé ni défendu, c'est au Monsieur qui veut bien la prendre. Et quel bon gîte pour le chéri de Madame, plus beaucoup de travail, une vraie vie de pacha! (*Une cliente attardée, une fille en cheveux, est entrée et a choisi un pain; et Pauline a dû retourner au comptoir.*)

PAULINE, *à la cliente.*

Cinq sous, Madame. (*La cliente paie et s'en va.*)

AUGUSTE, *revenant près de Pauline.*

Mais, dites, ma petite Pauline, vous qui vous fichez des autres, est-ce donc parce qu'on ne vous reluque pas ? (*Il veut l'embrasser.*)

PAULINE, *le repoussant.*

Non, pas de ça! Si vous êtes de Belleville, je suis de Ménilmontant, et moi, j'attends le patron qui me fera trôner au comptoir... Soyez le patron, et je veux bien.

AUGUSTE, *insistant.*

On pourrait rire, en attendant.

PAULINE, *redevenant moqueuse.*

Non, non, Madame serait jalouse.

AUGUSTE

Ah! l'incroyable déveine qui m'a fait tomber sur une Madame adorant son mari!

PAULINE, *riant.*

Son mari, ou un autre!

AUGUSTE, *vivement.*

Comment! un autre, vous en avez la preuve? (*Un client encore est entré, un petit vieux, misérablement vêtu; et Pauline retourne au comptoir.*)

PAULINE, *servant.*

Deux sous de pain rassis, voilà ! (*Le client sort et elle revient.*) Mon pauvre Monsieur Auguste, vous me faites de la peine. Voyons, une belle femme qui sort tous les mardis !... Tantôt, sous un prétexte, je l'ai suivie, et j'ai vu.

AUGUSTE

Quoi ?

PAULINE

Pardi ! un amant, un tout jeune homme, qui la guettait aux Tuileries. Ils se sont fourrés dans la grande boutique de jouets.

AUGUSTE

Un amant ! attendez un peu. (*Il a tiré un papier et un crayon de sa poche, et il écrit, appuyé sur la caisse.*)

PAULINE

Vous écrivez, quoi donc ?

AUGUSTE, *disant tout haut ce qu'il écrit.*

« Mardi prochain, prenez la peine d'aller voir ce que fait votre femme aux Tuileries, dans la boutique de jouets. »

PAULINE

Et puis?

AUGUSTE, *faisant ce qu'il dit.*

Et puis, je mets ceci dans le registre des commandes, où le patron le trouvera tout à l'heure, lorsqu'il dressera sa liste pour demain.

PAULINE, *gaiement.*

Tout de même, vous êtes un fameux rigolo, vous !

AUGUSTE, *majestueux.*

Ma petite, voilà comme il faut être! Puisque Madame n'a pas été gentille, zut, elle filera, et nous verrons à faire notre popote avec le patron... Dites-vous non toujours?

PAULINE, *prudente.*

Si ça marche, on en recausera... (*Elle entend Toussaint.*) Méfiance, voilà le mouchard qui remonte! (*Toussaint entre par la droite, avec un panier de pain qu'il va vider dans un casier.*)

AUGUSTE, *bas à Pauline.*

C'est le vieux confident de Madame, il doit tout savoir. (*Il descend au fournil.*)

TOUSSAINT, *les regardant, à part.*

Qu'ont-ils donc à comploter, ces méchants cœurs? (*Il continue à vider le panier de pains, tandis que Pauline se met à faire l'inventaire du soir, allant de casier en casier, inscrivant sur un carnet les pains qui restent.*)

SCÈNE III

PAULINE, TOUSSAINT, *puis* FRANÇOIS

PAULINE, *tout en faisant sa besogne.*

Madame tarde bien à rentrer ce soir... Dites, père Toussaint, vous l'avez vue naître?

TOUSSAINT, *achevant de vider le panier.*

Non, elle avait dix ans, lorsque je suis entré ici, et voilà de cela vingt-cinq ans bientôt.

PAULINE

C'est un vrai bail.

TOUSSAINT

Elle avait perdu sa mère déjà, et je l'ai vue épouser Monsieur Delagrange et j'ai vu mourir son père, le père Labaume, un homme terrible. Ah! que de souvenirs!... Pourquoi quitter les maîtres, quand il vous aiment et qu'on les aime? Elle est si raisonnable et si bonne, elle m'a tant consolé, tant soutenu, quand la même fièvre m'a ravi ma femme et mon enfant!

PAULINE, *moqueuse.*

Alors, vous vous jetteriez dans le feu pour elle?

TOUSSAINT

Certes, tout de suite!... Ça vous fait rire?.. Que voulez-vous? Ce sont là des mœurs anciennes. (*Tous deux continuent à s'occuper, lorsque François rentre par la droite, remontant du fournil.*)

FRANÇOIS, *à lui-même.*

Comment! Madeleine n'est pas encore revenue? (*Il va sur le seuil de la porte, jette un coup d'œil dans la rue, puis revient.*) Voilà Paris rentré chez lui, les rues se vident et se font silencieuses, les fenêtres bientôt vont s'éteindre une à une, lorsque Paris aura soupé et soufflera les bougeoirs dans toutes les alcôves. (*Madeleine est entrée par le fond. Il se retourne et l'aperçoit.*)

SCÈNE IV

LES MÊMES, MADELEINE

FRANÇOIS, *avec soulagement.*

Madeleine!.. Enfin, c'est toi!

MADELEINE, *gênée.*

Oui, je suis en retard... Je t'ai inquiété, mon bon François.

FRANÇOIS

Je commençais à me forger des terreurs?... Est-ce que ta nièce est plus souffrante?

MADELEINE

Non, mais elle m'a retenue, et il y avait un monde, à ce tramway!.. Tout de même, me voici et bien contente! (*Elle ôte son léger collet et son chapeau qu'elle pose sur une chaise, près de la porte de gauche.*)

FRANÇOIS

Toussaint, fermez maintenant. (*Lorsque Toussaint est sorti, il se tourne vers Pauline.*) Est-ce fait, cet inventaire?

PAULINE

C'est fait, Monsieur. (*Elle lui remet le carnet.*)

FRANÇOIS

Bien! vous pouvez monter vous coucher. (*Elle reste pourtant, le regarde curieusement s'installer à la caisse.*) On a donc touché au livre des commandes? Il était là. Ah! le voici!.. (*Il ouvre le livre et va le consulter.*) Eteins, Madeleine, je n'ai pas besoin de tout cet éclairage, pour écrire la commande. (*A Pauline.*) Eh bien! Vous ne montez pas?

PAULINE, *se décidant, avec une ironie cachée.*

Bonne nuit, Madame, bonne nuit, Monsieur. (*Elle sort par la gauche. Toussaint est dans la rue, abaissant les volets de tôle; et il y reste pendant toute la scène suivante. Madeleine a éteint les lampes des vitrines et celles du lustre central dont deux seulement restent allumées, n'éclairant plus la boutique que d'une clarté douce. Et, comme François se remet à consulter le livre des commandes, elle s'approche doucement par derrière et l'embrasse.)*

SCÈNE V

FRANÇOIS, MADELEINE

MADELEINE, *l'embrassant.*

Mon bon François, je t'ai inquiété, et j'en suis bien chagrine.

FRANÇOIS

On est bête, on s'imagine toutes sortes d'accidents. Mais c'est passé, puisque te voilà, et que tu m'aimes!

MADELEINE

Oh! tu n'en doutes pas?

FRANÇOIS, *quittant la caisse.*

Non, non... Pourtant, je me souviens parfois. J'avais vingt-quatre ans et tu venais d'en avoir vingt, lorsque je suis entré ici comme simple garçon boulanger. Et, sans ton père qui t'a forcée à ce mariage, jamais tu n'aurais voulu de moi.

MADELEINE

C'est vrai, les jeunes filles ont tant de folies en tête.

FRANÇOIS

Ah! le père Labaume! quand il avait dit oui, il n'admettait pas qu'on pût dire non. Il savait que j'étais un bon travailleur et que ma mère possédait quelque fortune. N'importe, ce n'était guère gentil ni prudent de ma part, je n'aurais pas dû consentir à t'avoir ainsi malgré toi.

MADELEINE

C'est vrai, c'est vrai, on joue toujours son bonheur au hasard.

FRANÇOIS

Les premiers temps, j'en ai tremblé. Cela me désolait de te sentir si triste et si froide.

MADELEINE

Mais, mon bon François, il faut t'en souvenir aussi. Tu m'as conquise bien vite, par ta bonté, par ta santé et ton courage au travail. Nous n'étions pas ensemble depuis deux mois, que déjà, peu à peu, je m'étais donnée toute, n'aimant plus, ne voyant plus que toi.

FRANÇOIS

C'est vrai, la femme froide et triste s'est vite animée, attendrie dans mes bras.

MADELEINE

Et, depuis, notre amour si calme et si fort n'a fait que grandir. Nous nous aimons comme on doit s'aimer dans un ménage de braves gens, de toute notre raison, de toute notre chair, de tout notre cœur, pour toujours.

FRANÇOIS

C'est vrai, c'est vrai, il n'est pas de ménage plus uni, plus heureux... (*Brusquement assombri.*) Hélas! pourtant, l'enfant n'est pas venu.

MADELEINE, *également sombre.*

Oui, je sais, c'est ton tourment, ta grande tristesse.

FRANÇOIS

Oh ! l'enfant que j'aurais eu de toi, l'enfant que nous aurions veillé, caressé ensemble, qui aurait grandi à notre ressemblance adorée, joyeux, bon et solide comme nous !

MADELEINE

L'enfant où nos deux chairs, nos deux cœurs se seraient fondus !...

FRANÇOIS, *après un silence, comme à lui-même.*

L'enfant que je n'espère plus...

MADELEINE, *le prenant passionnément dans ses bras.*

Va, je t'aimerai assez pour être et la femme et l'enfant, et pour emplir ton cœur tout entier d'un tel amour qu'il en débordera !

FRANÇOIS, *très ému.*

Ma chère femme, ma brave femme, c'est cela qui est bon de ne se rien cacher, de ne vivre que l'un pour l'autre, au milieu des préoccupations du ménage !

MADELEINE, *très émue.*

Mon brave homme, mon cher homme, travailler, faire de bonnes affaires, puis se retrouver le soir, contents de l'argent gagné, en s'embrassant de toute sa tendresse !

FRANÇOIS

Et n'être que des petites gens, des commerçants bien simples, et s'aimer, comme je t'aime !

MADELEINE

Et mettre honnêtement quelques sous de côté, pour

vieillir plus tard dans la paix, et s'aimer, comme je t'aime! (*Ils échangent un dernier baiser, une longue étreinte.*)

FRANÇOIS, *gaiement*.

Allons! il faut pourtant aller dormir. Prends la recette, pendant que je vais écrire la commande. (*Il se rasseoit à la caisse et se met à écrire, en consultant le livre. Elle, tenant un petit sac, va y vider l'argent que contient le tiroir du grand comptoir.*)

MADELEINE, *gaiement*.

Ça fait toujours plaisir à remuer cet argent de la recette... La vente est très bonne, aujourd'hui.

FRANÇOIS

Oui, la chance nous sourit et nous comble, la maison n'a jamais été si prospère. (*Il continue à feuilleter le livre et trouve enfin le papier qu'Auguste y a glissé.*) Qu'est-ce donc? (*D'abord, il lit tout bas; puis, frémissant, éperdu, il relit à demi-voix, sans que Madeleine, très occupée au comptoir, puisse entendre.*) « Mardi prochain, prenez la peine d'aller voir ce que fait votre femme aux Tuileries... » Elle, elle, grand Dieu! Et ses sorties de chaque semaine, et sa longue absence de ce soir! (*Toussaint est rentré par la petite porte, restée ouverte, dans les volets de tôle. On le voit s'agiter, comme s'il barrait le passage à quelqu'un.*)

SCÈNE VI

LES MÊMES, TOUSSAINT, UNE MENDIANTE AVEC DEUX ENFANTS

MADELEINE

Toussaint, qu'y a-t-il?

TOUSSAINT

Madame, c'est cette mendiante d'hier. On ne peut donner toujours.

MADELEINE

Si, si, laisse entrer. (*La mendiante paraît à la petite porte, avec un garçonnet de huit ans et une fillette de six, en loques.*) Prenez ce pain.

LA MENDIANTE

Que Dieu vous bénisse!

MADELEINE

Les pauvres enfants, si tristes et si pâles! C'est une cruauté que de les promener encore, à cette heure.

LA MENDIANTE

Hélas! Madame, nous n'avons plus de chez nous, on nous a jetés au ruisseau.

MADELEINE

Eh quoi! les chers petits, sans gîte, presque sans vêtements, errant toute la nuit par les rues!... Tenez, ma brave femme, voici de quoi leur trouver un asile. (*Elle prend dans la recette une pièce de monnaie et la lui donne.*)

LA MENDIANTE

Merci, merci, que Dieu vous bénisse! (*Elle sort avec ses enfants.*)

SCÈNE VII

FRANÇOIS, MADELEINE, TOUSSAINT

MADELEINE, *comme à elle-même.*

Ah! ce Paris qui dort maintenant, ce Paris tombé au silence et aux ténèbres, ce Paris repu, cuvant ses peines et ses joies, tandis que la misère et la souffrance rôdent encore par ses rues noires!

FRANÇOIS, *à part.*

Elle! elle si bonne et si compatissante! Non, non, c'est impossible, et je ne puis la soupçonner. (*Toussaint, qui a fini de fermer la boutique, l'examine depuis un moment, inquiet de son agitation.*)

TOUSSAINT, *bas, à Madeleine.*

Madame, prenez garde, je crois qu'on a des soupçons.

MADELEINE, *bas.*

Grand Dieu! que dis-tu?

FRANÇOIS

Madeleine, il faut monter... Tenez! Toussaint, descendez la commande. (*Il lui remet un papier, puis il revient à sa femme.*) Madeleine, dis-moi, c'est bien vrai que tu m'aimes?

MADELEINE

Oh! mon bon François, tu le sais, de toute mon âme!

FRANÇOIS

Oui, tu me l'as dit. Allons, passe la première. (*Elle emporte la recette dans le petit sac, et elle sort par la gauche, en prenant, sur la chaise, son collet et son chapeau.*) L'abominable soupçon qui maintenant va me torturer! Il faudra que je sache. (*Il sort à son tour.*)

TOUSSAINT, *seul.*

Ah! la maison heureuse, tout ce bonheur fragile et menacé, ah! les pauvres gens! (*Il éteint les deux dernières lampes électriques, et sort par la droite. La boutique est tombée à une obscurité profonde. — Rideau.*)

ACTE DEUXIÈME

Une grande boutique de jouets, dans le jardin des Tuileries. — La boutique, une construction de fortes planches, soignée et coquette, est tournée de façon qu'on aperçoive l'étalage au fond, à l'envers : des ballons, des cerceaux, des chariots pendus, avec tout l'entassement des jouets accoutumés; et cet étalage se détache sur un lointain des Tuileries, les pelouses, les statues, les arbres, le pavillon de Marsan et la rue de Rivoli, tout cet horizon connu, dont on retrouve le ciel au-dessus du toit planchéié de la baraque. — Au premier plan, une sorte d'arrière-salle qu'un vitrage sépare de la boutique. Un petit buffet, une table, des chaises. — A droite, une porte conduit dans un autre compartiment étroit, qui sert de cuisine. — Par une admirable après-midi du commencement de juillet, vers cinq heures. Au fond, le jardin resplendit, plein de la turbulence d'un petit peuple d'enfants qui jouent et qui chantent.

SCÈNE PREMIÈRE

GEORGET, *la* GRAND'MÈRE

(*Georget est en train de disposer le thé sur la table, trois tasses et deux assiettes de gâteaux, tandis que la grand'mère, au fond, le dos tourné, sert ses petits clients, un flot d'enfants de tous les âges, avec des mères, des femmes de chambre, des nourrices.*)

LES PETITES FILLES, *dansant une ronde dans le jardin.*

Nous n'irons plus au bois, les lauriers sont coupés.
La belle que voilà, la lairons-nous danser?

Entrez dans la danse,
Voyez comme on danse;
Sautez, dansez, embrassez
Celle que vous voudrez.

GEORGET

Ce beau jardin, ce jardin aimé, où j'ai grandi, où j'ai tant couru quand j'étais gamin, comme il est gai, et clair, et délicieux, par ces après-midi de resplendissant soleil, avec son petit peuple d'enfants joueurs! (*Les clients, peu à peu, se sont en allés, et la grand'-mère, libre, descend en scène.*)

LA GRAND'MÈRE

Est-ce que tu t'occupes du thé, mon petit Georget?

GEORGET

Mais il est fait, grand'mère! Je l'ai laissé près du réchaud... Cinq heures déjà. Mère tarde bien aujourd'hui.

LA GRAND'MÈRE

Va, ça ne doit pas être de sa faute, elle n'est pas toujours libre.

GEORGET

Avec quelle impatience j'attends chaque mardi!... Dis-moi, grand'mère, je voudrais bien savoir, car me voilà un homme, j'ai seize ans. Et tu as toujours été si bonne pour moi!

LA GRAND'MÈRE

On t'avait confié à mes soins. Je n'étais pas riche, mais ta mère nous aidait, et grâce aux quelques sous de cette boutique, nous n'avons jamais manqué de rien.

GEORGET

Oui, je me revois tout petit, jouant là, sur le gravier, au bon soleil. Et je me revois plus tard à cette école commerciale, revenant le soir dans nos deux étroites pièces de la rue Saint-Anne, travaillant près de toi, sous la lampe. Et maintenant, me voilà sorti de l'école, je vais entrer dans le commerce, gagner mon pain.... Alors, tu comprends, grand'mère, je voudrais bien savoir...

LA GRAND'MÈRE

Je ne te dirai rien... Demande à ta mère.

GEORGET, *très câlin.*

Pourtant, voyons, si tu es ma grand'mère, c'est que ton fils était mon père ?

LA GRAND'MÈRE, *souriante.*

Évidemment.

GEORGET

Et il est mort ?

LA GRAND'MÈRE, *très émue.*

Hélas! oui, mon cher fils, mon Georges, avant même que tu fusses né.

GEORGET

Alors, mère est devenue veuve et elle s'est remariée. Est-ce donc que son nouveau mari est un méchant homme?

LA GRAND'MÈRE

Non! ne m'interroge pas?... Tu as toujours été si sage, si gai! Ne nous faisons pas de la peine... Demande à ta mère

LES PETITES FILLES, *reprenant dans le jardin* :

Entrez dans la danse,
Voyez comme on danse;
Sautez, dansez, embrassez
Celle que vous voudrez.

(*Madeleine paraît au fond, regarde à droite et à gauche, puis entre vivement.*)

SCÈNE II

LES MÊMES, MADELEINE

GEORGET, *se jetant dans ses bras.*

Mère, mère, enfin c'est toi!

MADELEINE, *l'embrassant éperdument.*

Mon Georget, mon grand Georget, comme c'est long, huit jours sans t'embrasser!

GEORGET

Ah! oui, joliment long, c'est ce que je disais à grand'mère. (*La grand'mère est allée chercher la théière, dans la petite pièce voisine et elle sert le thé. Madeleine ôte son chapeau et son collet.*)

LA GRAND'MÈRE

Il faut goûter, mes enfants, le thé sera trop fort. (*Tous les trois goûtent, assis à la table.*)

MADELEINE, *avec inquiétude.*

Et, mon grand Georget, ce frisson que tu as eu, l'autre mardi, au théâtre?

GEORGET

Mais ce n'était rien. Je me suis tant amusé, tu as été si bonne, et je t'ai fait rentrer si tard !

MADELEINE, *toujours inquiète.*

Alors, tu as bien dormi?

GEORGET, *souriant.*

Certainement.

MADELEINE

Tu n'as pas eu de maux de tête?

GEORGET

Pas le moindre.

MADELEINE, *à la grand'mère.*

C'est vrai ce qu'il dit là?

LA GRAND'MÈRE

Très vrai, il se porte comme un charme... Mes enfants ; j'avale mon thé bien vite, et je vous laisse bavarder. Mes petits clients me réclament. (*Elle retourne au fond, et on la voit, de temps à autre, vendre des jouets. Le va-et-vient des enfants et des promeneurs est continu.*)

MADELEINE, *rapprochant sa chaise de celle de Georget, le prenant dans ses bras.*

O mon enfant, tu ne peux savoir combien je t'aime, tout ce grand amour amassé dont mon pauvre cœur se soulage si rarement ! A peine un baiser furtif de loin en loin, et je te perds de nouveau. Dans ta petite enfance, j'étais moins libre encore, j'avais tant de mal à m'échapper, un jour tous les mois, pour t'asseoir quelques minutes sur mes genoux.

GEORGET

Je me souviens, mère, tu passes dans ma mémoire comme une ombre douce, une bonne fée souriante et caressante.

MADELEINE

Et puis, tu as grandi, et voilà mon cœur qui veut t'avoir toujours davantage, à mesure que tu deviens beau et fort. Ah! cette soif ardente, cette faim insatiable, de t'avoir toujours là, toujours à moi! Je finirai par accourir chaque soir, avec le besoin de t'embrasser, de te garder ainsi, sans que rien jamais plus nous sépare.

GEORGET

C'est facile, mère, reste avec moi.

MADELEINE, *doucement.*

Hélas! mon Georget, je ne puis.

GEORGET

Écoute, mère, je voudrais savoir. Me voici grand, je suis gai, je suis solide, et j'ai hâte d'être au travail, de faire ma vie avec droiture et courage. Mais je comprends combien le mystère qui m'entoure m'affaiblit, me rend craintif et soupçonneux. J'ai besoin de savoir pour me mettre en marche, le front haut.

MADELEINE, *toujours très douce.*

Tu me fais beaucoup de peine, mon Georget.

GEORGET

Ton amour pour moi est donc une peine? Moi, qui voudrais n'être que ta joie, ta douceur et ta caresse! Si tu parlais, j'adoucirais peut-être ton chagrin.

MADELEINE

Une telle confession à toi, oh! non, c'est impossible encore. Plus tard, quand tu seras un homme.

GEORGET

Plus tard, mère, toujours plus tard, lorsque tu souffres, lorsque je souffre!... Oh! mère, prends-moi dans tes bras, emporte-moi dans ta maison que j'ignore, garde-moi dans l'air où tu vis et dont j'ai besoin pour vivre!

MADELEINE, *douloureuse.*

Georget, Georget, tu fais de notre séparation un arrachement dont tout mon être saigne. Jamais, je n'ai senti si brûlante l'affreuse cruauté de ne pouvoir te prendre, t'emporter, te garder. Mais il n'est pas d'amour plus fort que le nôtre, la même chair, la même âme, et nous ne faisons qu'un, mon Georget, et personne au monde ne peut nous désunir! (*Ils restent longuement embrassés.*)

LES PETITES FILLES, *dans le jardin.*

Mais les lauriers du bois, les lairons-nous faner?
Non, chacune à son tour ira les ramasser.
Entrez dans la danse,
Voyez comme on danse;
Sautez, dansez, embrassez
Celle que vous aimez.

(*François paraît dans le fond, et la grand'mère, terrifiée, accourt.*)

LA GRAND'MÈRE

Madeleine! votre mari!

MADELEINE, *dans l'angoisse.*

Lui, mon Dieu!... (*Elle ouvre la porte de droite.*) Georget, passe par ici, et jure-moi de ne pas rester derrière cette porte, va dans le jardin un instant.

GEORGET

Mère, j'obéirai. (*Il sort au moment où François, hors de lui, pénètre dans la boutique. La grand'mère retourne au fond, où elle reste pendant toute la scène suivante.*)

SCÈNE III

FRANÇOIS, MADELEINE

FRANÇOIS, *hors de lui.*

Tu m'as menti, Madeleine, tu as un amant!

MADELEINE, *devant la porte.*

Un amant, moi!

FRANÇOIS

Je l'ai vu, tu viens de le cacher, il est là, derrière cette porte... Ote-toi, que je passe!

MADELEINE

Un amant, mon Dieu! Un amant!

FRANÇOIS

Ah! ceux qui m'ont prévenu ne m'ont pas trompé... Ote-toi, si tu tiens à la vie!

MADELEINE, *lui barrant toujours le chemin.*

François, de grâce, calme-toi, je te dirai tout.

FRANÇOIS, *de plus en plus furieux.*

Non, non ! lui d'abord... (*Il la bouscule et l'écarte.*) Ah ! tu ne veux pas t'ôter, misérable femme ! tu veux sauver ton amant !

MADELEINE, *éperdue, au moment où il va ouvrir la porte.*

François, c'est mon fils, c'est mon enfant !

FRANÇOIS, *assommé.*

Ton enfant, un enfant de toi, un grand fils que tu m'as caché... Ah ! Dieu bon, que dis-tu ? Que nous arrive-t-il ? (*Il tombe, comme écrasé, sur une chaise.*)

LES PETITES FILLES, *reprenant.*

Entrez dans la danse,
Voyez comme on danse ;
Sautez, dansez, embrassez
Celle que vous aimez.

MADELEINE, *humblement.*

Écoute, François, l'heure est venue que j'ai tant redoutée, l'heure de la confession... C'était une cousine de mon père, une parente pauvre dont on ne t'a jamais parlé ; et je jouais ici, dans ce jardin, avec son fils Georges ; et j'avais dix-sept ans et lui vingt, lorsque la faute fut commise. Puis, il partit au régiment, il y mourut, même avant que l'enfant vînt au monde... Deux ans après, je t'épousais.

FRANÇOIS

Et ton père ne m'a rien dit, et tu ne m'as rien dit toi-même!

MADELEINE

Mon père m'aurait tuée. Pendant des mois, il m'a fait disparaître... Oui, j'aurais dû tout te dire, mais, tu le sais, on ne résistait pas à mon père.

FRANÇOIS

Et, plus tard, quand il a été mort? Tant d'années écoulées, et tu n'as toujours rien dit!

MADELEINE

Te tout dire, François, combien de fois l'aveu m'est monté aux lèvres! J'ai toujours faibli, j'ai toujours tremblé de perdre ton amour.

FRANÇOIS

Alors, ces sorties continuelles, ces ruses, ces mensonges, c'était cet enfant?

MADELEINE

Ces ruses, ces mensonges, de quel poids lourd ils pesaient sur ma conscience, de quel affreux tourment ils me torturaient dans mon bonheur! Ah! François, être si heureuse par toi et te mentir, quel châtiment de la faute ancienne!... (*Elle s'agenouille devant lui, sanglotante.*) Pardon, pardon, François, pardon de t'avoir si longtemps menti, pardon de n'avoir pas eu la force de te crier la vérité avant le mariage, pardon de t'avoir ensuite volé ton amour, tant mon amour pour toi me rendait lâche, pardon de ne pas t'avoir avoué ma secrète misère de femme et de ne pouvoir plus être qu'une épouse qui t'aime!

FRANÇOIS, *se levant.*

Le pardon, oui, je tâcherai... Mais, d'abord, il faut que tu me reviennes tout entière ?

MADELEINE, *debout.*

Comment ?

FRANÇOIS

Tu choisiras entre ton fils et moi, et si tu me choisis, je pardonnerai.

MADELEINE, *frémissante.*

Entre mon fils et toi, mais c'est une lutte sacrilège? Toi si bon, toi si juste, tu ne peux vouloir en mon cœur cet abominable combat.

FRANÇOIS

Tu dis que tu m'aimes, non! tu ne m'aimes pas, puisque tu aimes l'enfant d'un autre.

MADELEINE

Dieu juste! voilà maintenant que je ne t'aime pas, lorsque je t'adore! Et si j'adore mon fils, ce n'est pas du même amour, vous avez chacun votre part.

FRANÇOIS

Non! l'autre revit dans son fils, c'est l'autre que tu aimes. L'enfant d'un autre ne peut avoir de place dans notre ménage, il est l'étranger qui m'outrage et qui me vole.

MADELEINE

Ah! François, tu es barbare, ah! comment aurais-je la force de choisir entre vous deux qui êtes ma vie... Peux-tu être jaloux de mon fils?

FRANÇOIS

Jaloux, oui, jaloux de ce fils qui est le passé, qui m'a pris le meilleur de notre amour, puisque jamais, jamais plus, je n'aurai un enfant de toi.

MADELEINE

Pitié, pitié pour nous deux! Tu veux donc que nous nous dévorions dans le plus affreux des tourments?

FRANÇOIS, *hors de lui.*

Ou ton fils ou moi! Reste ici ou rentre chez nous. Mais, si tu rentres, c'est que tu m'auras juré de ne jamais revoir ton enfant! (*Il sort comme un fou, et elle tombe, le visage dans ses mains, contre la table, secouée de sanglots.*)

LES PETITES FILLES, *dans le jardin.*

Cigale, ma cigale, allons, il faut chanter,
Car les lauriers du bois sont déjà repoussés.
Entrez dans la danse,
Voyez comme on danse;
Sautez, dansez, embrassez
Celle que vous aimez.

(*La grand'mère est accourue et s'efforce de calmer Madeleine. Georget rentre par la droite.*)

SCÈNE IV

MADELEINE, GEORGET, LA GRAND'MÈRE

GEORGET

Mère, mère, pourquoi pleures-tu? On veut donc nous séparer?

MADELEINE

Georget, mon Georget, je reste avec toi, et que mon amour m'en donne le courage!

LES PETITES FILLES, *reprenant.*

Entrez dans la danse,
Voyez comme on danse;
Sautez, dansez, embrassez
Celle que vous aimez.

(*Rideau.*)

ACTE TROISIÈME

Le marché aux fleurs de la Madeleine, le côté gauche, à l'angle du boulevard Malesherbes. — On voit en enfilade la double rangée des petites tentes de toile, s'enfonçant un peu de biais, de façon que tout le flanc gauche de la Madeleine, toute la colonnade se profile à droite, jusqu'au fond de la place, dont on aperçoit les maisons lointaines, au coin de la rue Tronchet. — Au premier plan, à droite et à gauche, les premières tentes débordent d'une profusion de fleurs coupées, puis les autres se perdent, débordantes aussi de fleurs en pot et de plantes vertes. — De même, au premier plan, à droite, un banc, à demi caché dans de hauts palmiers. — Par une resplendissante matinée de juillet, entre dix et onze heures, lorsque la vente est dans son plein. Une pluie de soleil inonde les arbres, fait éclater les couleurs vives des fleurs et les tons clairs des toilettes.

Pendant toute la durée de l'acte, la foule des promeneurs et des acheteurs ne cesse d'aller et de venir le long de l'allée centrale. Et tous les types parisiens défilent : le jeune ménage qui emporte une plante verte, le vieux monsieur qui achète des roses, l'ouvrière qui marchande un pot de réséda, la ménagère qui ajoute à son panier de provisions déjà plein une gerbe fleurie, etc., etc.

SCÈNE PREMIÈRE

MADELEINE, GEORGET, LES MARCHANDES, LA FOULE.

(Au lever du rideau, on ne voit pas Madeleine et Georget qui descendent lentement l'allée centrale, dans la bous-

culade; et il n'y a d'abord que les appels des marchandes, au milieu du brouhaha.)

LES MARCHANDES, *voix éparses.*

Madame, voyez donc... Il ne vous faut rien, Monsieur?... Venez me voir, ma petite dame, je vous arrangerai... De belles roses, Monsieur, elles embaument... Une belle plante verte, Madame... Des œillets, des résédas, des marguerites, des roses... Les roses... les roses... voyez les roses...

GEORGET, *arrivant au premier plan, sa mère à son bras.*

Quel beau soleil, mère, et comme tout sent bon! Ah! ce Paris qui se fleurit et s'embaume, ce Paris où grandit toujours la passion des fleurs, où les rues finiront par charrier des œillets et des roses!...

LES MARCHANDES

Les roses... les roses... voyez les roses...

GEORGET

Et c'est ta fête, mère, la Sainte Madeleine. Et quelle bonne idée d'être venus ensemble acheter ton bouquet!

MADELEINE

Une idée de toi, mon Georget, une surprise, l'offre d'une promenade et notre brusque arrêt à ce marché!

GEORGET

Je suis si fier, si heureux de t'avoir à mon bras! Toujours j'avais rêvé ce grand bonheur, sortir, me promener librement avec toi, et rire et causer comme deux bons camarades. Et cela m'emplit d'une telle allégresse, depuis dix jours, de posséder enfin ma maman à moi tout seul!... Mère, tu es comme moi bien heureuse, n'est-ce pas?

MADELEINE

Oui, mon enfant, bien heureuse... C'était aussi mon rêve et je craignais de ne le réaliser jamais.

UNE MARCHANDE

Les roses... les roses... voyez les roses...

GEORGET

Ah! ces roses, ces roses, qu'elles sentent bon!... (*Riant.*) Je me souviens qu'autrefois grand'mère me racontait que, si les petits garçons venaient dans les choux, les petites filles poussaient dans les roses...

LES MARCHANDES

Les roses... les roses... voyez les roses... (*Un cortège de baptême paraît, des commerçants riches du voisinage, le poupon aux bras d'une nourrice superbe, le père et la mère, le parrain et la marraine, des invités; et le cortège traverse lentement la scène, se dirigeant vers l'église, dont on voit la petite porte à droite.*)

GEORGET

Tiens, un baptême! (*Les appels des marchands ont repris. Tout un gai brouhaha accueille le baptême.*)

LES MARCHANDES, *voix éparses.*

Madame, voyez donc... Venez me voir, ma petite dame... Les roses, les roses... Voyez... voyez...

LA MARCHANDE DE FLEURS, *à gauche, appelant la mère.*

Madame, Madame, il faut fleurir l'enfant... Des roses blanches, des roses rouges...

LA MÈRE, *gaiement.*

Tout à l'heure, quand nous repasserons.

LA MARCHANDE DE FLEURS

Des roses blanches pour une fille, des roses rouges pour un garçon.

LA MÈRE

Oui, tout à l'heure, des roses blanches. (*Le baptême s'éloigne et entre dans l'église.*)

GEORGET, *riant.*

Une fillette! Encore une qui a poussé dans une rose! Dis donc, mère, s'il sortait une fillette de chacune des roses qui sont là, hein, quelle foule, quel petit peuple! (*Toussaint entre en scène, poussant une petite voiture, où se trouvent les mots : Boulangerie Delagrange, en lettres dorées.*)

MADELEINE, *qui le reconnaît, frémissante, à part.*

Toussaint!

GEORGET, *brusquement.*

Et grand'mère que nous avons perdue! Elle est restée là-bas, devant les plantes grasses... Je vais la reprendre, et nous ferons notre marché.

MADELEINE

C'est cela. Je vous attends ici, sur ce banc.

SCÈNE II

MADELEINE, TOUSSAINT, *puis* FRANÇOIS, LES MARCHANDES, LA FOULE.

MADELEINE, *très émue.*

Toussaint, je veux te parler. (*Elle l'emmène près du

banc.) Toi qui as tout su, qui as été le serviteur muet de mon père, qui m'as aidée plus tard à voir mon enfant... Ah! si je te disais quelle est ma souffrance!

TOUSSAINT, *très ému lui-même.*

Je sais, je sais, Madame, et mon pauvre vieux cœur se brise avec le vôtre... Vous le voyez, c'est la Sainte Madeleine, et, comme tous les ans, Monsieur Delagrange m'envoie ici, avec la voiture, pour rapporter les fleurs, dont il a l'habitude de fleurir votre chambre.

MADELEINE, *gagnée par les larmes.*

Oh! François... Il ne m'oublie donc pas?

TOUSSAINT

Lui!... Non, non, Madame.

MADELEINE

Et que fait-il, depuis dix jours que je ne suis plus là?

TOUSSAINT

Il est bien triste, bien sombre. La pauvre maison est comme en deuil. Tout y va de travers, l'âme en est partie, et je crains bien que le commerce ne tourne mal.

MADELEINE, *très agitée.*

Il se consolera, il prendra une autre femme, les jolies filles ne manquent pas.

TOUSSAINT

Ce serait un grand malheur, une catastrophe où beaucoup de travail, de joie et de prospérité s'engloutirait. Madame, empêchez cela, arrangez vite les choses, et revenez, revenez... Mais, prenez garde, voici Monsieur Delagrange, et si vous ne voulez pas être vue de lui... (*Il s'écarte, Madeleine reste près du banc, cachée derrière les palmiers. Les appels des marchands recommencent au moment où François paraît, et elles se le disputent.*)

LES MARCHANDES

Monsieur, voyez donc... Il ne vous faut rien, Monsieur... Venez me voir, Monsieur... Monsieur...

LA MARCHANDE DE GAUCHE, *à François.*

Monsieur, venez donc me voir... De belles roses, Monsieur, elles embaument... (*François s'approche.*) Je sais ce qu'il vous faut, je vous reconnais bien, Monsieur. Vous venez tous les ans, à pareille époque.

FRANÇOIS

Oui, tous les ans.

LA MARCHANDE DE FLEURS

Et, n'est-ce pas? comme tous les ans, de belles gerbes, ce que j'ai de plus frais et de plus gai, pour une fête?

FRANÇOIS

Non, non, cette année, je n'ai besoin que de fleurs de deuil, toutes les fleurs qu'on met sur les tombes. C'est pour une morte. (*Il fait son choix avec la marchande, tandis que Toussaint attend. Puis, il s'en va, et Toussaint, après avoir mis les fleurs dans la voiture, le suit, en jetant un dernier regard à Madeleine.*)

SCÈNE III

MADELEINE, LES MARCHANDES, LA FOULE, *puis* GEORGET *et* LA GRAND'MÈRE

MADELEINE, *tombée sur le banc.*

Une morte, je ne suis plus qu'une morte pour lui!

Ah ! cette chambre, notre chambre, où je ne suis plus, qu'il va falloir fleurir de fleurs de deuil, pour y sangloter comme dans un cimetière ! Quel vide et quel regret ! quelle angoisse sourde m'envahit depuis dix jours, sans que je veuille comprendre ! C'est notre pauvre maison qui m'appelle. Je suis comme en voyage, perdue, inoccupée, dans le désir du retour. Et François dont me voici jalouse, mon François que je n'ai jamais tant aimé et que, la nuit, je rêve aux bras d'une autre ! La moitié de mon cœur est restée là-bas, je ne puis vivre ainsi, douloureuse et saignante. (*Georget reparaît, tenant une grosse gerbe de roses, suivi de la grand'mère, qui a un pot de fleurs sous chaque bras.*)

SCÈNE IV

MADELEINE, GEORGET, LA GRAND'MÈRE,
LES MARCHANDES,
LA FOULE, *puis* LE BAPTÊME.

GEORGET, *très gai, accourant.*

Nous avons fait notre marché... Vois, vois donc, mère !

LA GRAND'MÈRE, *très gaie aussi.*

Oui, voyez comme il m'a chargée. Il m'en aurait fourré jusque dans les poches.

GEORGET, *toujours gaiement.*

Et c'est pour te fleurir, mère ! Bonne fête, bonne fête !... (*La regardant, brusquement inquiet.*) Mais qu'as-tu donc ?

MADELEINE, *bouleversée.*

Je n'ai rien.

GEORGET

Si, si, tu n'es plus la même. Est-ce donc un malheur encore que tu me caches?

MADELEINE

Ce n'est rien, je t'assure. (*A part, douloureuse.*) Voilà maintenant que je trompe mon Georget, que je lui mens, comme je mentais à François! (*Le Baptême sort de l'église et retraverse la scène. La foule s'égaie.*)

GEORGET, *repris de gaieté.*

Le baptême, le baptême, les fillettes dans les roses!

MADELEINE, *à part, regardant avec des larmes.*

L'heureuse femme, un enfant du mari qu'elle aime, un enfant de paix et de joie! (*Le Baptême s'est avancé et il défile de nouveau devant les marchandes de fleurs dont les appels recommencent. Georget et la grand'mère regardent, amusés, tandis que Madeleine suit la scène, douloureusement.*)

LES MARCHANDES, *appelant la mère.*

Madame, Madame, des roses blanches... Madame, voyez donc... Venez me voir, ma petite dame... Les roses, les roses... Voyez... Voyez...

LA MARCHANDE DE GAUCHE

Elles embaument, Madame, prenez-moi des roses blanches!

LA MÈRE, *gaiement.*

Oui, oui, des roses blanches!... Fleurissez l'enfant, fleurissez le père et la mère, fleurissez le parrain et la marraine, fleurissez la nourrice et tout le baptême!

LES MARCHANDES, *ensemble, distribuant au baptême des fleurs que le père et le parrain leur paient.*

Voyez, voyez, des roses blanches!... Elles embaument!... Prenez-moi des roses blanches!... (*Du monde s'est amassé, tandis que Madeleine, Georget et la grand'mère sont toujours à gauche, regardant. Grande animation et grande allégresse finales.*)

(*Rideau.*)

ACTE QUATRIÈME

Le fournil de la boulangerie Delagrange, dans le sous-sol. — Deux vastes salles, communiquant par une large baie, sans porte ni rideaux. — Dans celle du fond, on aperçoit le four, en face, au milieu, avec tout le jeu des diverses pelles, alignées et suspendues au plafond, sur des tringles de fer. — Dans la première salle se trouvent les deux pétrins, l'un à droite, l'autre à gauche de la baie, au fond. Au-dessus, pendent les manches qui amènent la farine; et il y a là aussi les balances, pour peser la pâte. Les murs sont partout garnis des étagères, où sont rangés les paniers à pain, de toutes les formes et de toutes les grandeurs. — A droite, une porte sur l'escalier qui mène aux appartements de la maison. A gauche, une autre porte sur l'escalier qui monte à la boutique. — Une table et des chaises. La table est près de la porte de gauche. — De grands paniers épars. — Tout le fournil est éclairé au gaz. — De dix à onze heures du soir, au moment des premières fournées.

SCÈNE PREMIÈRE

FRANÇOIS, AUGUSTE, TOUSSAINT,
BOULANGERS et AIDES.

(François est assis à la table, l'air sombre et anéanti. Derrière lui, trois hommes travaillent à chaque pétrin. A droite, les trois pétrissent; à gauche, les trois sont en train de couper, de peser la pâte et de la mettre dans les paniers garnis de toile. Et, au fond, Auguste,

avec son aide, achève d'enlever la braise de son four, de le balayer et d'y enfourner des pains. Toussaint, debout, à droite, s'occupe à brosser des pains et à les ranger dans des paniers qu'on montera ensuite à la boutique. Tout le fournil en grand travail.)

FRANÇOIS, *douloureusement, à lui-même.*

Ce Paris qui toujours mange, qui chaque matin a besoin de sa ration, pour son écrasant travail du jour! Du pain, du pain, il faut toujours du pain au géant dévorateur! Et il n'y a jamais trop de blé, trop de farine, c'est par panerées, par charretées, qu'on jette le pain à l'insatiable faim de Paris!

Va, pauvre homme, pauvre boulanger que le deuil frappe, aie le cœur en morceaux, la cervelle à l'envers, traîne-toi dans ta maison en larmes et quand même il te faudra commander, surveiller, travailler la nuit, pour la faim du monstre! Tu n'as pas droit au sommeil, au néant, il faut du pain, du pain, du pain, pour Paris qui dévore et qui enfante! (*Il reste accablé, il se désintéresse, pendant qu'Auguste, ayant tout enfourné, ferme le four et descend en scène.*)

AUGUSTE, *donnant des ordres, d'un ton de maître.*

Vous autres, ne vous trompez pas, comme hier, sur les pesées... Et vous autres, finissez vite, nous attendrons encore après cette cuisson-là... (*Rudement, à Toussaint.*) Pourquoi n'êtes-vous pas venu m'aider, lorsque je vous en ai donné l'ordre?

TOUSSAINT, *tranquillement.*

J'avais un autre travail à faire.

AUGUSTE, *de plus en plus agressif.*

Ne soyez pas insolent avec moi. Ça ne peut plus durer. Vous partirez d'ici.

TOUSSAINT, *à François.*

Vous entendez, patron? Faut-il donc que je parte?

FRANÇOIS, *de son air las.*

Oh! pas de querelles. Ne me tourmentez pas, faites à votre guise... (*Il se lève péniblement.*) Mon vieux Toussaint, vous seriez mieux ailleurs. Pas d'enfant, plus de femme, la maison ne vaut guère la peine qu'on y vive. (*Il sort lentement par la porte de gauche, pendant qu'Auguste et les boulangers ricanent.*)

TOUSSAINT, *à part.*

Oui, la pauvre maison est morte, si Madame ne revient pas... Ce soir encore, je l'attendais. (*Il sort par la porte de droite.*)

AUGUSTE, *ricanant.*

Bon voyage, et qu'il aille retrouver sa Madame!... (*Aux boulangers.*) Onze heures n'ont pas sonné, mais, tout de même, prenez votre demi-heure de repos. (*Les boulangers sortent, et Pauline, descendue de la boutique, paraît à la porte de gauche, en allongeant prudemment la tête.*)

SCÈNE II

AUGUSTE, PAULINE

PAULINE

Vous êtes seul, Auguste?

AUGUSTE

Mais oui, ma petite Pauline. Entrez donc faire un bout de causette... (*Pauline entre en scène.*) Et le patron?

PAULINE, *montrant la gauche.*

Oh! il est là-haut, à rôder dans la boutique, à regarder dans la rue, comme un idiot... Et le vieux mouchard?

AUGUSTE, *montrant la droite.*

Filé, monté par là, dans les appartements, au diable!... Vous savez, je viens de lui faire donner son compte.

PAULINE

Vrai?... Ah! c'est chouette! Il n'y avait que lui de rasant, nous allons être tout à fait chez nous.

AUGUSTE

Je vous l'avais bien dit que la maison était à prendre!... Mais, écoutez donc, ma petite, il me semble que le patron serait de votre goût... Vous trônez au comptoir, vous faites la belle, pour qu'il se console dans vos bras.

PAULINE, *avec tranquillité.*

Bien sûr, pourquoi pas?... Vous vouliez la patronne, je veux le patron, c'est naturel.

AUGUSTE

Seulement, le patron vous envoie promener... (*S'approchant, voulant l'embrasser.*) Et nous deux, ça ne se fait donc pas?

PAULINE, *l'écartant*,

Oh! nous deux, ça pourra toujours se faire, quand on sera certain que ça vaut la peine.

AUGUSTE

Me voilà le vrai maître, je commande et l'on obéit, depuis que Madame a filé avec son amant et que nous savons tout.

PAULINE, *haussant les épaules*.

Vous ne savez rien, mon pauvre Auguste. Moi, je sais, parce que je me donne la peine de savoir.

AUGUSTE

Quoi donc? Madame n'a pas filé avec son amant?

PAULINE

Elle a filé avec son enfant, un grand garçon qu'elle a eu d'un petit cousin, avant son mariage.

AUGUSTE, *goguenard*.

Un enfant! c'est pour un enfant qu'ils se font un mauvais sang pareil! Alors, ils sont plus bêtes encore que je ne croyais. Mais ça ne compte pas, un enfant! ça s'accroche quelque part et ça s'oublie!

PAULINE, *gaiement*.

Vous n'êtes pas pour les enfants, vous?

AUGUSTE

Fichtre non! L'enfant, ça n'est pas dans mon idée. N'en faut pas, jamais! Pas de fil à la patte qui vous embarrasse dans l'existence. Et l'on est libre comme l'air, on a le plaisir sans la peine...

PAULINE

C'est bien sûr que les mioches, ça pousse toujours trop vite. Ça n'embellit pas une femme, ça la cloue chez elle, plus de liberté ni d'amusements... Enfin, nous recauserons de ça, quand nous serons les maîtres...

AUGUSTE, *écoutant, vers la gauche.*

Méfiance! j'entends le patron redescendre.

PAULINE

Est-il encombrant, à rôder ainsi par toute la maison, comme une âme en peine!

AUGUSTE

Venez par là, dans la pâtisserie. J'ai du malaga. Nous causerons encore un peu. (*François paraît et ils n'ont pas le temps de s'échapper. Mais il ne les aperçoit pas, il va jusqu'au pétrin de droite, qu'il regarde fixement, sans le voir, ce qui leur permet de s'en aller derrière son dos par le fond.*)

SCÈNE III

FRANÇOIS, *puis* MADELEINE

FRANÇOIS, *redescendant.*

Jaloux d'un enfant, je suis jaloux d'un enfant! Est-ce possible d'être tombé à cette misère? Moi qui en souhaitais un de tout mon désir éperdu, moi qui l'aurais adoré de tout mon cœur attendri! L'enfant, c'est la joie et le bonheur nécessaire, c'est l'âme sans laquelle la maison ne peut vivre!

Mais l'enfant d'un autre, non, non! cela me déchire. Si je suis jaloux, c'est que l'autre est toujours là, c'est que cet enfant d'un autre m'a volé mon enfant à moi, l'enfant que j'attendais de ma femme tant aimée. Et ma maison est à jamais vide, jamais je n'y verrai l'enfant naître et grandir! (*Il tombe assis devant la table, à la place qu'il occupait au commencement de l'acte, pleurant dans ses mains jointes. — La porte de droite s'ouvre doucement, Toussaint paraît et fait entrer en silence Madeleine, qui est en cheveux et en taille: puis, sans une parole, Toussaint s'en va par le fond, laissant les époux face à face. — Un long temps.*)

MADELEINE, *doucement.*

François.

FRANÇOIS, *la voyant, se mettant debout.*

Toi, Madeleine... Tu me reviens?

MADELEINE

Oui, je te reviens.

FRANÇOIS

Pourquoi me reviens-tu?

MADELEINE

Je te reviens parce que je t'aime et que je ne puis me passer de toi.

FRANÇOIS

Comment cela?

MADELEINE

Tu es mon époux, tu as tout pris de mon être, ma chair et mon cœur.

FRANÇOIS

Et puis, dis encore?

MADELEINE

Et puis, je ne vivais plus, j'étais comme perdue le jour, mes bras te cherchaient la nuit. J'avais besoin de la maison que tu m'as faite, de mon chez moi, de mon commerce. Je suis ta femme, et je meurs, si je te perds.

FRANÇOIS

Alors, c'est moi que tu choisis, c'est bien moi que tu veux, et tu as dit adieu à ton enfant, pour toujours?

MADELEINE

Oh! François, je ne sais pas, ne m'interroge pas davantage... Mais, puisque tu m'as vaincue, puisque je te reviens en vaincue, prends-moi donc et fais de moi ce qu'il te plaira.

FRANÇOIS

Pour que demain tu me quittes encore, pour que ton enfant te meurtrisse et que tu retournes à lui, éternellement jetée d'un amour à l'autre?

MADELEINE

Oh! François, je ne sais pas... Mais, puisque c'est l'époux aujourd'hui qui l'emporte, prends-moi donc pendant que je me donne, dans ma franchise à t'avouer que j'ai besoin de toi comme on a besoin du pain pour vivre.

FRANÇOIS, *touché.*

Ah! pauvre femme, au cœur déchiré, mutilé, qui ne peut aimer de tout son amour!

MADELEINE

Je reviens me confier à toi. Prends-moi, tâche de me garder, en faisant que je souffre moins, moi qui souffre tant, et tâche d'emplir tout mon cœur, pour qu'il n'ait plus besoin d'autre tendresse. Oui, fais de moi une épouse si heureuse, qu'elle vive à ton cou, dans l'oubli du reste du monde.

FRANÇOIS, *l'étreignant.*

Eh bien! oui, ma chère femme, ma loyale et brave femme, je veux bien, je veux tâcher de te reprendre tout entière et de te garder. Je suis l'homme, le mari, je t'aimerai assez, pour que tu ne cesses pas une heure de m'aimer et de me vouloir... Oui, puisque tu me reviens si franche, si confiante, essayons encore le bonheur et nous oublierons le reste du monde.

MADELEINE

Ah! prends-moi, aime-moi, fais que la maison heureuse me garde et me retienne.

FRANÇOIS

Va, je te prendrai, je t'aimerai et la maison heureuse, de toutes parts, te gardera, te retiendra. (*Toussaint paraît au fond, l'air ravi. Les boulangers, et enfin Auguste et Pauline rentrent.*)

SCÈNE IV

LES MÊMES, TOUSSAINT,
puis LES BOULANGERS, *puis* AUGUSTE *et* PAULINE.

FRANÇOIS, *qui a retrouvé toute son activité, aux Boulangers.*

Allons, allons! pas de paresse, au travail, au travail,

mes braves! Et vite, sortez le pain et qu'on prépare l'autre cuisson! (*Les boulangers se remettent à pétrir et à peser la pâte.*)

PAULINE, *entrant, saisie, bas.*

Madame de retour!... Ça se gâte, ça ne va plus, nous deux!

AUGUSTE, *de même.*

Laissez donc, rien n'est fini, je vais leur jeter l'enfant dans les jambes.

FRANÇOIS, *avec autorité.*

Eh bien! Auguste, sortez le pain! (*Auguste obéit, pendant que Pauline s'échappe et remonte à la boutique. Il a ouvert le four, au fond; et aidé d'un homme, il en tire toute la fournée, de grands beaux pains dorés.*)

TOUSSAINT

Madame, on a parlé de mon congé, dois-je partir?

MADELEINE

Toi, mon bon Toussaint, jamais! Je ferai plutôt maison nette!... (*Comme lasse, elle s'est assise devant la table, reprise, envahie d'un souvenir, et elle rêve tout bas, d'une voix qui s'attriste, tandis que François continue à donner des ordres et que le travail s'active.*) Il lisait, quand je l'ai quitté, mon pauvre Georget. Maintenant, que fait-il? S'est-il couché, dort-il tranquillement?

FRANÇOIS, *très gai, d'une voix éclatante.*

Au travail, au travail! boulangers, mes braves, donnez vos muscles, donnez votre souffle, et que le pain soit pétri, et que le pain soit sorti du feu, tendre, brûlant et doré! Pendant que Paris dort, faisons-lui son pain quotidien, par panerées, par charretées! Il faut du pain, du pain, à l'éternelle faim du géant. Et, pour qu'il ait du cœur à la besogne, demain, dès le petit jour, donnons du pain, du pain, du pain, au réveil affamé de Paris! (*Le fournil est en plein travail.*)

(*Rideau.*)

ACTE CINQUIÈME

La boulangerie Delagrange, mais le matin, et plantée d'une autre façon qu'au premier acte. Le décor, planté de biais, montre, au premier plan, une petite salle, avec des tables de marbre et des chaises, dans laquelle les clients peuvent consommer les gâteaux sur place. A droite, une porte ouvre sur une sortie particulière. Une large baie fait communiquer la petite salle avec la boulangerie proprement dite, que l'on voit au fond, dans tout son développement. — La boulangerie avec sa caisse et ses deux comptoirs de marbre blanc, chargés de gâteaux, avec ses casiers de cuivre, débordant de grands pains, avec ses vitrines toutes en cristal, où sont entassés les petits pains, les croissants, les brioches, avec ses murs recouverts de glaces et son plafond peint et doré. — Le matin, entre sept et huit heures, au mois d'août, par un ciel en fête, dont le clair soleil pénètre à flots. On monte sans cesse du fournil de grands paniers de pains, au milieu de la bousculade des clients qui, continuellement, entrent et sortent. Des porteurs et des porteuses partent, en poussant des paniers roulants et de petites voitures à bras. — Par la porte grande ouverte, on aperçoit la rue matinale, avec son mouvement d'employés et d'ouvrières, de voitures de légumes et de fleurs. Beaucoup de vie et d'éclat.

SCÈNE PREMIÈRE

MADELEINE, FRANÇOIS, TOUSSAINT, AUGUSTE, PAULINE, Aides, Clients.

(*Des employés et des ouvrières entrent acheter des petits*

pains et des croissants. Des bonnes sont là, attendant qu'on les serve. Tous les types. Au milieu du va-et-vient, au fond, François, Pauline et Auguste s'occupent, tandis que Madeleine appelle Toussaint, dans la petite salle, pour lui donner des ordres. Elle est en belle boulangère, avec un grand tablier blanc.)

MADELEINE.

Toutes les porteuses sont-elles parties?

TOUSSAINT

Non, Madame, pas encore.

MADELEINE

Qu'elles se hâtent!... Et le pain du restaurant Désormaux, l'a-t-on porté?

TOUSSAINT

On part, Madame.

MADELEINE

Bon!... Quelle bousculade! Ce Paris qui s'éveille et qui tout de suite crie la faim! Du pain, du pain, il lui faut du pain pour se faire du sang et ne pas bouder devant sa tâche! Le soleil luit, la rue bourdonne, chacun court dans le tumulte, en quête de son pain. Et c'est de la gaieté, de la santé et de la force. (*Toussaint est retourné dans la boulangerie, où Madeleine va s'occuper de la vente. Auguste, qui la suit du regard, appelle d'un signe Pauline dans la petite salle.*)

AUGUSTE

Elle a l'air bien à son affaire, ce matin.

PAULINE

Ah! ouiche! regardez ses yeux, elle a dû pleurer

toute la nuit. Et puis, Monsieur est sombre, ça recommence.

AUGUSTE

Alors, on va s'amuser. Je me suis payé d'écrire au jeune homme, oh! sans signer, histoire de rire. Et vous verrez le pot-aux-roses! (*François les aperçoit et s'avance.*)

FRANÇOIS

Pauline, allez donc à la vente. (*Tous deux s'empressent de retourner dans la boutique, et il s'asseoit d'un air brisé.*) Je suis las dès le matin, et cette tristesse, cette gêne que nous ne pouvons vaincre! Mon Dieu, que nous faut-il donc pour être heureux?

TOUSSAINT, *qui revient, après avoir disparu un instant.*

Monsieur, c'est l'enfant qui est là, sous le porche, avec sa grand'mère. (*Il montre la porte à droite.*)

FRANÇOIS, *debout.*

L'enfant!

TOUSSAINT

Il part pour toujours à l'étranger, où l'on vient de lui trouver un emploi, et il veut embrasser une dernière fois sa mère.

FRANÇOIS

Je ne puis refuser cela. C'est juste, et je ne suis pas un méchant homme.

TOUSSAINT, *allant à la porte.*

Alors, je le fais entrer.

FRANÇOIS

Attendez, il faut que je prévienne la mère... (*Appe-

lant.) Madeleine, Madeleine... (*Elle s'approche.*) Ton fils est là...

MADELEINE, *saisie*,

Georget!

FRANÇOIS

Il part à l'étranger et veut te dire adieu. J'y consens, qu'il t'embrasse et qu'il parte.

MADELEINE, *bouleversée.*

Comment! il part, mais je ne veux pas! (*Toussaint fait entrer Georget et la grand'mère, puis retourne dans la boutique, d'où Pauline et Auguste suivent la scène. Le mouvement du travail et des clients s'y ralentit, sans cesser complètement. François se tient d'abord un peu à l'écart de la mère et de l'enfant, comme pour se désintéresser.*)

SCÈNE II

LES MÊMES, GEORGET, LA GRAND'MÈRE

GEORGET

Mère, je viens te dire adieu.

MADELEINE

Où vas-tu? Pourquoi pars-tu? Pourquoi ne m'avoir rien dit encore de ce départ?

GEORGET

Mère, il faut que je parte. Tu m'avais tout caché, mais quelqu'un m'a écrit, je sais maintenant, et je ne veux pas être plus longtemps ton malheur.

MADELEINE

Partir, partir à jamais, n'est-ce pas? Je consentais

à ne plus te voir, Dieu sait au prix de quelles secrètes larmes! Tu étais toujours là, dans l'air que je respire, et je pouvais courir te rejoindre, au premier appel. Mais l'exil, mais la séparation éternelle, non, non! je ne veux pas, je ne peux pas!

GEORGET

Mère, il faut que je parte. Puisqu'il n'y a pas de place au foyer pour moi, il faut que je fasse ma vie. J'ai trouvé un emploi, loin, bien loin, de l'autre côté de l'océan. Je disparais pour toujours, mère, sois heureuse et tranquille.

MADELEINE, *dans un grand cri.*

Si tu pars, mon Georget, je pars avec toi!

FRANÇOIS, *intervenant, sous une impulsion irrésistible.*

Eh bien! pars donc, femme oublieuse, femme qui ne m'aime pas!

MADELEINE

Ah! l'affreux combat qui recommence!

FRANÇOIS

Pars, pars avec l'enfant, puisque l'époux ne peut te suffire, et que, malgré nos efforts, le bonheur n'est plus possible dans la maison en larmes.

MADELEINE

Quel arrachement! Des deux côtés, je laisserai un lambeau de ma chair et de mon cœur. Oh! vous deux qui me déchirez, ayez donc un peu pitié de moi! (*Elle tombe sur une chaise en sanglotant.*)

GEORGET

Mère, tu n'es pas raisonnable. Je t'assure que, si je pars, c'est que je suis brave et que je t'aime de toute mon âme. C'est ton bonheur, ta paix que je veux. Et je ne te connais pas, je ne t'ai pas connue, je te renie et je m'en vais, comme si je n'étais plus, comme si je n'avais jamais été... (*A François.*) Vous qui êtes le mari, reprenez-la tout entière, donnez-lui tout le bonheur, l'enfant de hasard ne compte pas.

FRANÇOIS, *s'oubliant.*

Non ! il n'y a pas d'enfant de hasard, l'enfant n'est pas l'accident, il est tout, le fruit, la vie elle-même.

GEORGET

Une femme n'est qu'à son mari. C'est en lui seul qu'elle doit mettre sa foi et sa force, c'est lui seul qui fait sa joie et sa santé !

FRANÇOIS

Non ! le mari sans l'enfant n'est rien, il ne peut rien, ni fortune solide, ni bonheur durable.

GEORGET

Et qu'on laisse donc partir l'enfant d'amertume et de querelle, qui fait saigner tous les cœurs, et dont la disparition ramènera la paix !

FRANÇOIS, *dans un dernier éclat.*

Non ! ce n'est pas vrai, l'enfant emportera tous les cœurs, l'enfant laissera un tel vide, une blessure si inguérissable, que nous en souffrirons tous à jamais !

MADELEINE, *debout, frémissante.*

Que dis-tu donc, mon Dieu ?

FRANÇOIS, *d'une grandeur simple.*

Je dis, Madeleine, que je te le rends, ton Georget, ton enfant...

MADELEINE, *éperdue, se jetant à son cou.*

Mon bon François !

FRANÇOIS

Malgré moi, j'ai plaidé sa cause. J'ai tant rêvé d'en avoir un de toi ! je le sens si nécessaire à notre bonheur ! Chassé d'ici, il serait là sans cesse à nous séparer. Qu'il reste et qu'il nous réunisse !... Prends-le, garde-le, et qu'il soit notre fils à tous les deux ! (*Il le met dans ses bras.*)

MADELEINE, *baisant l'enfant.*

Mon grand et bon François !

GEORGET, *près d'eux, très tendre.*

Oh ! je veux bien, oh ! je vous aimerai !

LA GRAND'MÈRE, *venant à son tour l'embrasser.*

Tu nous restes, mon petit, que je suis contente !

FRANÇOIS, *à la grand'mère.*

Mais qui donc a pu lui écrire ?

LA GRAND'MÈRE

Voici la lettre. (*Elle la lui remet.*)

FRANÇOIS, *la regardant.*

La même écriture...

MADELEINE, *la regardant aussi.*

C'est cet Auguste... J'ai reçu de lui des lettres imbéciles dont je ne t'ai pas même parlé. (*Auguste et Pauline se sont rapprochés, inquiets; tandis que Toussaint donne les signes du plus vif contentement.*)

AUGUSTE, *payant d'audace.*

De quoi, de quoi! c'est compris, on s'en va! J'en ai assez d'une baraque où l'on n'a pas le mot pour rire!... (*A Pauline.*) Venez-vous?

PAULINE, *ironique.*

Ah! non, merci! fallait être le plus fort... Bonsoir! (*Auguste s'en va. La boutique reprend toute sa vie. Des pains encore sont montés, grande activité et grande allégresse.*)

GEORGET

Oh! mère bien-aimée, oh! père qui m'accueille, c'est la paix que je veux apporter dans la maison heureuse, par ce beau matin de Paris ensoleillé!

FRANÇOIS

Oui, Madeleine, Georget, la maison enfin est vivante et féconde, dans le matin, dans le clair soleil, dans la gaieté chantante du bon pain que Paris mange!

LA GRAND'MÈRE

Tu apportes la paix. Par ce beau matin de Paris, tu apportes la joie, ô Georget!

MADELEINE

Mon François, mon Georget, la maison est joyeuse et prospère! Paris s'éveille, il faut que Paris ait du pain, pour la besogne géante de son enfantement!

(*Rideau.*)

Paris. — L. MARETHEUX, imprimeur, 1, rue Cassette. — 7532.

CHOIX DE PIÈCES

AJALBERT (JEAN). **La Fille Elisa**. Drame judiciaire en 3 actes........ 2 fr.
ANCEY (GEORGES). **Ces Messieurs**. Comédie en 5 actes........ 3 fr. 50
BANVILLE (TH. DE). **Le Baiser**. Comédie en 1 acte........ 1 fr. 50
BATAILLE (HENRY). **L'Enchantement; Maman Colibri**. Comédies en 3 actes........ 3 fr. 50
BERNSTEIN (HENRY). **Le Marché**. Comédie en 3 actes........ 2 fr.
— **Le Détour**. Comédie en 3 actes........ 2 fr. 50
— **Joujou**. Comédie en 3 actes........ 3 fr. 50
— **Le Bercail**. Comédie en 3 actes........ 3 fr. 50
BERTON (P.) et SIMON (CH.). **Zaza**. Comédie en 5 actes........ 3 fr. 50
CAPUS (A.). **Les Maris de Léontine**. Comédie en 3 actes........ 3 fr. 50
— **La Bourse ou la Vie**. Comédie en 5 actes........ 3 fr. 50
— **La Veine**. Comédie en 4 actes........ 3 fr. 50
— **Les Deux Écoles**. Comédie en 4 actes........ 3 fr. 50
— **La Châtelaine**. Comédie en 4 actes........ 3 fr. 50
— **Notre Jeunesse**. Comédie en 4 actes........ 3 fr. 50
— **Brignol et sa Fille; Petites Folles**. Comédies en 3 actes........ 3 fr. 50
CAPUS (A.) et ARÈNE (E.). **L'Adversaire**. Comédie en 4 actes........ 3 fr. 50
COOLUS (R.). **Lucette**. Pièce en 3 actes........ 2 fr. 50
COURTELINE (GEORGES). **Boubouroche**. Pièce en 2 actes, en prose........ 1 fr.
— **La Peur des coups**. Saynète en 1 acte. Illustrations de F. Fau........ 1 fr.
DAUDET (A.) et ELZÉAR (P.). **Le Nabab**. Pièce en 7 tableaux........ 2 fr. 50
DONNAY (M.). **L'Autre Danger**. Comédie en 4 actes........ 3 fr. 50
— **Le Retour de Jérusalem**. Comédie en 4 actes........ 3 fr. 50
— **La Bascule**. Comédie en 4 actes........ 3 fr. 50
DONNAY (M.) et DESCAVES (L.). **Oiseaux de passage**. Comédie en 4 actes........ 3 fr. 50
GAUTIER (TH.). **Le Tricorne enchanté**. Comédie en 1 acte........ 1 fr.
GONCOURT (ED. ET JULES DE). **La Patrie en danger**. Dr. en 5 actes........ 2 fr. 50
— **Germinie Lacerteux**. Pièce en 10 tableaux........ 2 fr. 50
HARAUCOURT (ED.). **La Passion**. Mystère en 2 chants et 6 parties, en vers. 2 fr. 50
— **Don Juan de Manara**. Drame en 5 actes, en vers........ 2 fr. 50
HAUPTMANN (GERARD). **Les Tisserands**. Drame en 5 actes........ 3 fr.
MAETERLINCK. **Monna Vanna**. Pièce en 3 actes........ 2 fr.
— **Joyzelle**. Pièce en 5 actes........ 3 fr. 50
MENDÈS (CATULLE). **Médée**. Tragédie en 3 actes........ 3 fr. 50
MIRBEAU (OCTAVE). **Les Mauvais Bergers**. Pièce en 5 actes........ 3 fr. 50
— **L'Épidémie**. Pièce en 1 acte........ 1 fr.
— **Vieux Ménages**. Comédie en 1 acte........ 1 fr.
— **Le Portefeuille**. Comédie en 1 acte........ 1 fr.
— **Les Affaires sont les Affaires**. Pièce en 3 actes........ 3 fr. 50
MUSSET (ALFRED DE). **Le Chandelier**. Comédie en 3 actes........ 1 fr. 50
RICHEPIN (JACQUES). **La Reine de Tyr**. Drame en 4 actes, en vers........ 2 fr.
— **La Cavalière**. Comédie en 5 actes........ 3 fr. 50
— **Cadet Roussel**. Comédie en 3 actes........ 3 fr. 50
— **Falstaff**. Comédie en 5 actes........ 3 fr. 50
RICHEPIN (JEAN). **Par le Glaive**. Edition in-8........ 4 fr.
— **La Glu**. Drame en 5 actes et 6 tableaux. Edition in-8........ 4 fr.
— **Nana-Sahib**. Drame en vers, en 7 tableaux........ 2 fr.
— **Le Flibustier**. Comédie en vers, en 3 actes........ 2 fr.
— **Monsieur Scapin**. Comédie en vers, en 3 actes. Edition in-8........ 4 fr.
— **Le Mage**. Opéra en 5 actes et 6 tableaux........ 1 fr.
— **Vers la Joie**. Conte bleu en 5 actes, en vers. Edition in-8........ 4 fr.
— **Le Chemineau**. Drame en 5 actes, en vers. Edition in-8........ 4 fr.
— **La Martyre**. Drame en 5 actes en vers........ 3 fr. 50
— **Le Chien de garde**. Drame en 5 actes........ 2 fr.
— **Théâtre chimérique**. 27 actes en vers et en prose........ 3 fr. 50
— **Les Truands**. Drame en 5 actes, en vers........ 3 fr. 50
ROSTAND (EDMOND). **Les Romanesques**. Comédie en 3 actes, en vers. 3 fr. 50
— **La Princesse Lointaine**. Pièce en 4 actes, en vers........ 2 fr.
— **La Samaritaine**. Évangile en 3 tableaux, en vers........ 3 fr. 50
— **Cyrano de Bergerac**. Comédie en 5 actes, en vers........ 3 fr. 50
— **L'Aiglon**. Comédie en 6 actes, en vers........ 3 fr. 50
SHAKESPEARE (WILLIAM). **La Tragique histoire d'Hamlet**. Drame en 5 actes. Traduction de Eugène Morand et Marcel Schwob. 3 fr. 50
SILVESTRE (ARMAND) et MORAND (EUGÈNE). **Messaline**. Drame lyrique. 1 fr.
ZOLA (ÉMILE). **L'Ouragan**. Drame lyrique en 4 actes........ 1 fr.
— **L'Enfant Roi**. Comédie lyrique en 5 actes........ 1 fr.
ZOLA (E.) et GALLET (LOUIS). **Le Rêve**. Drame lyrique en 4 actes et 8 tabl. 1 fr.
— **L'Attaque du Moulin**. Drame lyrique en 4 actes........ 1 fr.

17349. — L.-Imprimeries réunies, rue Saint-Benoît, 7, Paris.

www.ingramcontent.com/pod-product-compliance
Ingram Content Group UK Ltd.
Pitfield, Milton Keynes, MK11 3LW, UK
UKHW020322220726
13923UKWH00003B/1319